LES DÉFAUTS
DES FEMMES,

POËME VÉRIDIQUE

EN QUATRE CHANTS ET EN VAUDEVILLES.

Par C. A. B. C. F. M.

A PARIS,

CHEZ BARBA, LIBRAIRE, PALAIS DU TRIBUNAT,
GALERIE DERRIÈRE LE THÉATRE FRANÇAIS.

AN IX. — 1801.

LES DÉFAUTS

DES FEMMES,

POËME VÉRIDIQUE

EN QUATRE CHANTS ET EN VAUDEVILLES.

Par C. A. B. C. F. M.

A PARIS,

DE L'IMPRIMERIE DE BRASSEUR,
RUE DE LA HARPE, n°. 477.

AN IX. — 1801.

A MA FEMME.

AIR : *Fidélio, mon doux ami.*

Les vertus qui font le bonheur,
Tu les as toutes en partage ;
C'est par toi seule que mon cœur
Goûta les douceurs du ménage.
Te payer d'un tendre retour,
Conserver toujours ton amour,
Voilà tout ce que je souhaite : (*Bis.*)
Heureux par le don de sa foi,
Ce cœur, enchaîné sous ta loi,   }(*Bis.*)
Ne connaît (*bis*) que toi de parfaite.

D'un sexe volage et sans foi
J'ai peint les amours inconstantes ;
Si j'avais été près de toi,
J'aurais peint ses vertus touchantes.

C'est en lui prêtant ta bonté,
Ta douceur, ta fidélité
Que sa gloire eût été complette. (*Bis.*)
Mon cœur, tout entier à l'amour,
Me répète cent fois le jour :
En est-il (*bis*) une aussi parfaite? } (*Bis.*)

LES DÉFAUTS DES FEMMES,

POËME.

CHANT PREMIER.

DÉDICACE AUX DAMES.

Air du vaudeville du Panorama.

O toi, qui fais donner au diable
Les trois quarts des pauvres humains,
Sexe charmant, sexe adorable,
Pardonne à mes couplets malins! (*Bis.*)
Pour pouvoir briller dans la lice
Où je prétends tracer tes traits,

Je vais emprunter ta malice, }
Et je suis certain du succès. } *(Bis.)*

INVOCATION.

Air des Folies d'Espagne.

Bonne Alecto, prête-moi ton génie;
Que ta douceur passe dans mes écrits;
Donne à mes vers la grace et l'harmonie
Dont j'ai besoin pour d'aussi beaux récits.

AIR : *Sans devant derrière.*

Avec un air plein de candeur
Fillette entre dans la carrière,
Point de caprice, point d'humeur,
De ses charmes elle est peu fière ;
Son œil est caressant et doux....
A peine sommes-nous époux,
Que madame met tout chez nous
    Sans devant-derrière, (*Bis.*)
Que madame met tout chez nous
    Sans devant-derrière,
    Sans dessus-dessous.

AIR : *Morgué, ça m'donn' envi' d'ét' père.*

De cet époux qu'hymen engage,
Chacun desire le bonheur.

Ma foi, dit-on, le mariage,
Mon cher ami, vous fait honneur. (*Bis.*)
Ah ! je le vois, tout a comblé vos vœux ;
Dans vos liens vous paraissez heureux.
« Heureux ! heureux ! »
C'n'est pas l'tout de l'paraître,
Faut encor, faut encor l'être,
Faut encor l'être.

Air : *Fidèle époux, franc militaire.*

L'inconstance dans sa tendresse
Chez la femme est donc un besoin ?
De son amoureuse faiblesse
Qui ne fut victime ou témoin ?
Parcourons l'histoire et la fable,
Et nous verrons évidemment
Que le sexe le plus aimable
Est aussi le plus inconstant. (*Bis.*)

AIR : *A voyager passant sa vie.*

Dans un jardin plein de délices
Adam s'ennuyait à périr.
Il y bornait ses exercices
A boire, manger et dormir.
Pour calmer les maux de son ame,
Dieu créa cet être enchanteur.
Adam dit, en voyant la femme: ⎫
Voilà l'idole de mon cœur.   ⎬ (*Bis.*)

AIR : *Dans la Charette.*

Je suis ta femme,
Dit Eve en souriant ;
Sois pour ta femme
Doux, tendre et complaisant.
Je puis tout demander ;

Tu dois tout accorder :
Songe bien qu'à ta femme
Il faut toujours céder ;
Car elle est femme.

AIR : *De la p'tit' poste de Paris.*

Quoi ! pour être de tes amis,
Répond Adam d'un air surpris,
Il faut être de ton avis !...
Ah ! si j'ai la paix à ce prix,
Ma belle, je serai soumis,
Comme les maris
De Paris.

AIR : *Ça n'se peut pas, ça n'se peut pas.*

L'Eden était en Normandie,
Au milieu du pays de Caux;
Un pommier, dans une prairie,
Présentait les fruits les plus beaux.
Le seigneur dit au couple honnête :
Gardez ce fruit dont je fais cas ;
Mais, sur les yeux de votre tête, ⎫
N'en mangez pas, n'en mangez pas. ⎬ (*Bis.*)

AIR : *Courant d'la brune à la blonde.*

En méchanceté fertile,
Le diable dit à part soi :
Avant peu, couple imbécille,
Je te soumets à ma loi.

Par moi tu cesseras d'être
Le roi de ces beaux climats,
Et dans le piège le plus traître
Je guiderai tes pas :
Tu toucheras,
Cueilleras,
Sentiras,
Goûteras,
Croqueras,
Mangeras
La pomme de ton maître.

Air du vaudeville de l'Opéra-Comique.

Aussitôt d'un serpent rusé,
Le diable prend la peau brillante ;
Puis, ainsi métamorphosé,
Il rampe auprès de l'innocente.

J'approuve le déguisement ;
Car plus d'une femme charmante
A senti combien d'un serpent
    La forme est séduisante.

AIR : *Chantez, dansez, amusez-vous.*

Mangez, mangez, objet charmant,
Dit-il à la première mère ;
Du bien, du mal, au même instant,
Vous connaîtrez tout le mystère.
En ce bas monde, croyez bien,
Que le mal vaut souvent le bien.

AIR : *Ce jeune homme, depuis huit jours.*

Cédant aux vœux du séducteur,
Eve fut d'abord dans l'ivresse ;

Puis d'éprouver même bonheur
Elle ressent de la tristesse.
Au doux plaisir du changement,
C'est en vain qu'elle se dispose ;
Elle se dit en soupirant :
Ah ! c'est toujours la même chose, ⎫
      La même chose.   ⎬ *(Bis.)*
                                 ⎭

AIR : *Ton humeur est, Catherine.*

Il fallait que le bonhomme
Connût aussi le péché.
Eve aussitôt prend la pomme
Où le diable avait touché.
En vain il veut se défendre,
Eve le caresse tant,
Qu'il est contraint de se rendre,
Et la croque au même instant.

AIR : *Mon petit cœur à chaque instant soupire.*

Mais, direz-vous, de cette vieille histoire,
Pourquoi venir nous rappeler les traits?
Mes bons amis, elle vous fera croire
Que la beauté ne refuse jamais. (*Bis.*)
Soyez certains qu'attaquant une belle
Le diable est fin, et n'est jamais vaincu.
Pour un serpent Eve fut infidelle,
Et son mari fut le premier cocu. (*Bis.*)

FIN DU CHANT PREMIER.

CHANT II.

Air : *C'est la fille à Simonette.*

Toi, qui portes le délire
Dans tous les cœurs féminins,
Et qui tiens sous ton empire
Cette moitié des humains,
De grace, aimable folie,
Approuve ces traits nouveaux;
Pour peindre femme accomplie,
J'ai besoin de tes pinceaux.

Air du vaudeville du Procès.

Belles, j'avais eu le projet
De peindre votre caractère;

Vouloir traiter un tel sujet,
Je sens que c'est une chimère.
En vain je voudrais l'essayer ;
Mille pardons, sexe adorable :
En effet, comment déchiffrer
 Une chose indéchiffrable ? (*Bis.*)

AIR : *Réveillez-vous, belle endormie.*

Cependant, tentons l'aventure :
Peignons avec fidélité.
Mes traits, pourtant, je vous le jure,
Seront loin de la vérité.

———

LA JALOUSE.

.IR : *Qu'on soit jaloux dans sa jeunesse.*

Le poison de la jalousie
D'une femme atteint-il le cœur ?
L'époux voit s'écouler sa vie
Dans les tourmens, dans la douleur. (*Bis.*)
Pour effaroucher une épouse,
Un regard souvent a suffi.
Avoir une femme jalouse,
Dieux ! quel fardeau pour un mari ! (*Bis.*)

LA FEMME BEL ESPRIT.

Air du vaudeville de Claudine.

Mes bons amis, Dieu vous garde
D'une femme bel esprit.
A l'époux, c'est par mégarde
Si, par fois, elle sourit.
En caressant sa manie,
L'amant réussit bientôt.
Plus la femme a de génie, } (*Bis.*)
Plus le mari n'est qu'un sot.

L'AVARE.

AIR : *Frère Jean dans la cuisine.*

Au nom d'épouse et de mère
Son cœur n'est jamais ému ;
Elle livrerait son père
Pour la moitié d'un écu.
    Son refrain
    Inhumain
Est que, pour fuir la détresse,
Même au sein de la richesse,
Chacun doit mourir de faim. (*Bis.*)

LA COQUETTE.

AIR : *Oubliant la cour et la ville.*

Eglé, consultant tour à tour
Et ses amans et sa toilette,
Semble respirer pour l'amour;
Mais Eglé n'est qu'une coquette.
D'un époux les soins superflus
Ne toucheront jamais son ame :
Le pauvre diable est, tout au plus, }
Le premier valet de sa femme. } *(Bis.)*

LA DÉVOTE.

Air : *Sautez par la croisée.*

La dévote, le plus souvent,
Cédant au malheur qui l'accable,
Se donne à Dieu dès le moment
Que son amant la donne au diable.
Pleine d'une sainte ferveur,
Dans son humilité profonde,
Elle offre au ciel un tendre cœur
 Dont ne veut plus le monde. (*Bis.*)

LA JOUEUSE.

AIR : *Si Pauline est dans l'indigence.*

Une joueuse, dans son ame,
De l'amour n'entend pas le cri ;
Et l'on voit jouer à madame
La propriété du mari.
Pour réparer une lacune,
Tout est risqué dans sa fureur;
Et les brèches de la fortune
Ont souvent ébréché l'honneur. (*Bis.*)

LA BAVARDE.

AIR : *Dans ma jeunesse.*

    Femme bavarde,
    Cédant à son travers,
    Dans ses propos divers,
    Met le monde à l'envers,
    Et tout dans l'univers
    Doit contre elle être en garde.
Qu'arrive-t-il de tout cela ?
    A propos de botte,
    Sur mainte anecdote,
    La femme radote.
    Quand la langue trotte,
Le bonheur va cahin-caha. (*Bis.*)

LA MÉCHANTE.

Air : *Femmes, voulez-vous éprouver.*

Fuyez ces femmes dont le cœur
Ne connaît que haine et vengeance ;
Etrangères à la pudeur
Autant qu'à la reconnaissance.
Semant la discorde et l'effroi,
Chaque mot est une blessure.
Leur existence, croyez-moi,
Est une erreur de la nature. (*Bis.*)

Air du cantique de Judith.

Sexe ennemi de mon repos,
Je veux ajouter à ta gloire ;
Et célébrer en peu de mots

La beauté (dont parle l'histoire)
Qu'on vit jadis, si galamment,
Trancher la tête à son amant.

Air : *J'ai vu partout dans mes voyages.*

Dans la ville de Béthulie
On craignait un vainqueur heureux ;
Judith était aussi jolie
Qu'Holopherne était amoureux.
Vous délivrer est mon affaire,
Dit Judith aux bourgeois surpris ;
Je sais qu'ici bas il faut faire } *(Bis.)*
Quelque chose pour ses amis.

LES DÉFAUTS

AIR : *Au clair de la lune.*

Au clair de la lune,
Pas à pas marchant,
Notre aimable brune
S'en va droit au camp.
Pour l'amant fidèle
Quel moment plus doux !
Je viens, lui dit-elle,
Souper avec vous.

AIR : *Bouton de rose.*

En tête à tête,
Comment, ma belle, nous soupons ?
Ah ! souffrez que l'amour apprête
Le doux repas que nous prendrons
En tête à tête. (*Bis.*)

AIR : *Jupiter, un jour en fureur.*

Le général, en tapinois,
Ivre d'amour pour sa maîtresse,
Du vin que verse la traîtresse,
S'enivre une seconde fois.
Notre amoureux, dans cette joute,
Prit tant de champagne et d'amour,
Qu'il dit : *Le singulier tour !...*
Ma foi, je n'y vois goutte. } (*Bis.*)

AIR : *L'amour est un enfant trompeur.*

Au même instant,
De son amant
Elle coupe la tête.
Si pour un objet
Qui lui plaît,

Chacun perdait la tête,
Hélas! dans peu, nos yeux surpris,
Ne verraient plus, en tous pays,
Que des hommes sans tête. (*Bis.*)

FIN DU CHANT SECOND.

CHANT III.

Air : *Je suis né natif de Ferrare.*

Parcourez l'Europe et l'Afrique,
Voyez l'Asie et l'Amérique,
Les femmes, dans tous les pays,
Font le tourment de leurs maris. (*Bis.*)
Chez l'italienne et la française,
L'espagnole et la hollandaise,
Partout ce sont les mêmes cris :
Faisons enrager nos maris. (*Bis.*)

LA FRANÇAISE.

Air : *J'ai fait un défi hasardeux.*

Quoiqu'elle aime le changement,
La française est toujours charmante;
Elle caresse, boude et chante,
Tout cela dans le même instant.
Avec le mari débonnaire
Un amant est toujours au mieux;
A sa femme on est sûr de plaire
Quand on ferme à propos les yeux.

L'ESPAGNOLE.

AIR : *Vous m'ordonnez de la brûler.*

Souvent un moine, en ce saint lieu,
 Par une sainte trame,
Très-saintement, au nom de Dieu,
 Vous souffle votre femme.
L'époux fait-il le moindre cri,
 Soudain on s'en délivre ;
On vous grille un pauvre mari
 Pour lui montrer à vivre.

L'ANGLAISE.

AIR : *Quand l'amour naquit à Cythère.*

Une anglaise, insensible ou tendre,
Me déplaît malgré ses appas ;
L'indolente laisse tout prendre ;
En disant : je ne le veux pas.
Pourtant la beauté langoureuse
Sait goûter le fruit défendu ;
Sans cesser d'être vertueuse,
Elle fait son mari cocu.

L'ITALIENNE.

Air du vaudeville du Petit Jokei.

Une italienne rarement
Se plaint d'un amant infidèle ;
Mais, un matin, si l'insconstant
Vient déjeûner avec sa belle,
Tandis qu'elle parle à l'ingrat
De son affection profonde,
Il trouve dans son chocolat
Un passeport pour l'autre monde. (*Bis.*)

L'AMÉRICAINE.

Air : *Vénus disait à Junon.*

Qui peut garder sa raison
Auprès d'une américaine ?
Ses yeux vifs, son nez fripon,
Son souris, tout vous entraîne ;
Et, dans cet aimable abandon,
A ceux que son œil enchaîne,
Elle ne dit jamais non. (*Bis.*)

LA NÉGRESSE.

Air : *Viens dans mes bras, mon aimable créole.*

Minois bien noir vous tourne aussi la tête,
Et très-souvent c'est à qui peut l'avoir.
Le soir,
Le soir
On voit par fois l'homme le plus honnête
En un moment changer du blanc au noir.

L'AFRICAINE.

AIR : *Jeune fille, jeune garçon.*

Prenez au pays africain
A douze ans une jeune fille ;
Déjà son œil s'anime et brille
Et ne veut pas briller en vain.
    Dans l'onde fraîche et pure
    Il se fixe déjà ;
    Et ce manège-là
    Qui donc le lui donna ?
        La nature. (*Bis.*)

Air du vaudeville d'Arlequin Afficheur.

Chaque instant dans tous les pays
Voit naître nouvelle folie ;
Mais des femmes on sait le prix
Sans s'éloigner de ma patrie.
De tout le sexe d'ici bas
On y voit les mœurs, les usages ;
On trouve tout dans nos climats,
    Excepté des sauvages.

Air : *Consolez-vous avec les autres.*

La femme veut nous opprimer,
Soit par la force ou par la ruse ;
D'abord elle se fait aimer,
Puis de son pouvoir elle abuse.

Oui, ses moyens pour nous dompter
Valent beaucoup mieux que les nôtres;
Pour un trait que je vais citer,
L'histoire m'en offre mille autres.

Air du vaudeville de la Famille Extravagante.

Jadis, dans un pays lointain,
Vivaient des guerriers redoutables,
Du pauvre sexe féminin,
Epoux souvent insupportables;
Faisant les maîtres au logis,
Sans soins, sans égards pour les dames;
Voulant, sur-tout, que les maris
Pussent parler avant leurs femmes.

AIR : *Daignez m'épargner le reste.*

On sent combien ces procédés
Etaient grossiers et malhonnêtes.
Les cœurs, de haine possédés,
Font bientôt fermenter les têtes.
Toutes crièrent à la fois :
Ne point parler, quel sort funeste !
Ah ! vous nous mettez aux abois !
Si vous nous privez de la voix,
A quoi nous servira le reste ? (*Bis.*)

AIR : *Un jour de cet automne.*

De franche, douce et bonne,
Chaque femme de bien
Devient une lionne
Qui brise son lien.

On s'assemble, on motionne ;
On ne décide rien.

Air du libera *de la Bourbonnaise.*

Lors, prenant sa volée,
Cette auguste assemblée,
A la tête fêlée,
Fougueuse, échevélée,
Crie : Ah ! que le trépas,
  Ah ! ah ! ah ! ah !
Soit aujourd'hui, mesdames,
La peine des infames
Qui veulent que les femmes
Ici ne parlent pas !

  Ah ! ah ! ah ! ah !
Ici ne parlent pas. (*Bis.*)

AIR : *A l'eau, à l'eau.*

On fait boire tous les époux,
Je dis de la bonne manière !
Et puis bras dessus, bras dessous,
On va tout près de la rivière.
On se promène sur le pont,
On guette un endroit bien profond ;
Et les pauvres époux surpris
En peu de momens sont occis,
  Très-capots,
  Très-penauds ;
 Un mot, un seul mot
  Mit bientôt
 A l'eau, à l'eau
 Tous ces maris brutaux ;
 A l'eau, à l'eau,
A l'eau tous les maris brutaux. (*Bis.*)

Air du vaudeville de Démence.

Voilà pourquoi des amazones
Ce fleuve a conservé le nom;
Depuis ce tems, les amazones
Chez elles ont toujours raison.
Si les modernes amazones
Un beau jour noyaient leurs maris,
Nous avons assez d'amazones
Pour voir dépeupler tout Paris.

FIN DU CHANT TROISIÈME.

CHANT IV.

AIR : *Heureux habitans des campagnes.*

Cédant à l'ardeur qui me guide,
Je peindrai ce sexe trompeur
Qui sait, adroitement perfide,
Jouer l'amour et la candeur. (*Bis.*)
Mille fois trompé par les femmes,
En vain, pour venger cet affront,
Je dirai du mal de ces dames,
J'en dirai moins qu'elles n'en font. (*Bis.*)

AIR : *Lorsque la rose est de saison.*

De tous les peuples qu'on renomme
Les femmes ont causé les maux.

Le héros, le fat, le grand homme
Près d'elles ne sont que des sots.
Toujours victimes de leurs trames,
Nous aimons ce sexe malin.
Ah ! le ciel créa donc les femmes
Pour le malheur du genre humain ! (*Bis.*)

TULLIE.

AIR : *Comment goûter quelque repos.*

Jadis, chez le peuple romain,
On vit une horrible mégère
Ecraser le corps de son père
Tombé sous le fer assassin.
Maudissons à jamais l'infame.
Malgré tes torts, sexe trompeur,
Ah ! je sens au fond de mon cœur
Qu'un tel monstre n'était pas femme. (*Bis.*)

DALILA.

AIR : *Qui trouve au bois belle endormie.*

De ses forces à sa maitresse
Samson dévoila le secret,
Et presque aussitôt la traitresse
Coupa les cheveux du benêt.
Grace à sa malice profonde,
On voit que ce sexe indiscret
Aimerait mieux tout perdre au monde
Que de conserver un secret.

CLÉOPATRE.

AIR : *Le tems présent est une fleur.*

Si Marc-Antoine, ivre d'amour,
    Fit l'insigne folie
De perdre pour elle, en un jour,
    Et l'empire et la vie ;
L'usage s'en conservera,
    A Paris comme à Rome,
L'on vit, l'on voit et l'on verra ⎱
    La femme perdre l'homme. ⎰ (*Bis.*)

MESSALINE.

AIR : *On compterait les diamans.*

Pour servir les plaisirs secrets
De cette égrillarde donzelle,
Princes, gardes, rustres, valets
Furent toujours bien reçus d'elle;
Pour voiler chaque rendez-vous,
Elle employait nouvelle fraude.
Ah ! de Messaline l'époux
Etait un véritable Claude. (*Bis.*)

ELISABETH,

REINE D'ANGLETERRE.

AIR : *Ce fut par la faute du sort.*

Le desir ardent de régner
Lui fit commettre plus d'un crime ;
Pour parvenir à gouverner,
A ses yeux tout est légitime.
Elle cède à l'ambition,
Vainement son cœur en murmure ;
Elle immole à sa passion
L'amour, l'amitié, la nature. (*Bis.*)

CATHERINE DE MÉDICIS.

Air : *Oh! Mahomet.*

Mais à mes yeux quelle femme s'avance ?
Entre ses mains est le sceptre royal ;
C'est Médicis ; cet être, pour la France,
Fut autrefois un présent bien fatal. (*Bis.*)
En prononçant le nom de ce vampire,
Sans le vouloir, tous mes sens ont frémi ;
Et mille voix tout haut semblent me dire :
Rappelle-toi la Saint-Barthélemi.

AIR : *J'ai vu partout dans mes voyages.*
(De Jadin.)

O femme ! singulier mélange
De ruse et de crédulité !
La sottise la plus étrange
Te séduit par sa nouveauté ; (*Bis.*)
Les extravagances nouvelles
Plaisent à ta légèreté....
L'enthousiasme chez les belles ⎫
Peut aller à la cruauté.   ⎬ (*Bis.*)

AIR : *Cœurs sensibles, cœurs fidèles.*

J'ai peint le sexe volage,
J'ai peint le sexe trompeur ;
A ses vertus rendre hommage
Etait le vœu de mon cœur.

Pour terminer mon ouvrage,
Peignons l'amour conjugal
De madame de Chantal. (*Bis.*)

A i r : *Au bon vieux tems.*

Les soins touchans et d'épouse et de mère,
Dans son hymen Chantal les avait tous;
Et sa vertu, douce sans être austère,
Semblait devoir, par des liens si doux,
Nous ramener l'âge d'or des époux.

Air du vaudeville des Visitandines.

Certain recruteur de vestales,
Voulant gagner l'éternité,
Le bienheureux François de Sales,
Par hasard, vit notre beauté. (*Bis.*)

Malgré le monde et sa malice,
Lui disait-il secrètement,
Si vous le voulez, mon enfant,
Je fais de vous une novice. (*Bis.*)

Air du confiteor.

— Mais mes enfans, mais mon époux !....
— O malheureuse pécheresse !
Regardez le ciel en courroux,
Voyez sa foudre vengeresse ! (*Bis.*)
D'oser penser (*bis*) à ces gens-là,
Dites votre *meâ culpâ*. (*Bis.*)

Air du vaudeville du Sorcier.

A force de prêcher la belle,
François la gagna tout à fait,

ÉPILOGUE.

AIR : *Trouverez-vous un parlement.*

Sexe charmant, il m'est bien doux
De vous offrir ce badinage :
Plus ou moins, chacune de vous
Y doit retrouver son image.
Vous pourrez ici, trait pour trait,
Reconnaître votre figure,
Choisissez donc votre portrait; ⎫
Car ils sont tous d'après nature. ⎭ *(Bis.)*

FIN.

www.ingramcontent.com/pod-product-compliance
Lightning Source LLC
LaVergne TN
LVHW022145080426
835511LV00008B/1273